AF589800

UNE VICTIME

DE LA

RÉVOLUTION

3 Thermidor an II.

21 Juillet 1794

GRANVILLE

IMPRIMERIE N. BESNARD, RUE DU PONT, 6

— 1888 —

A LA MÉMOIRE

DE

HÉLÈNE KADOT DE SÉBEVILLE

ma mère bien-aimée

A tous les petits-enfants

et arrière-petits-enfants

du Comte Guillaume-Rémi-Charles

KADOT de SÉBEVILLE.

Je n'ai pas la prétention de faire ici une œuvre littéraire ; on me pardonnera les incorrections et les fautes de style en faveur de ma bonne intention. J'ai écrit ce que j'ai pu recueillir sur notre grand'mère, ce que m'a dicté mon cœur ; et j'ai cherché à me tenir le plus près possible de la vérité. Ce n'est donc pas un monument mais une simple croix que désire élever à la mémoire de Marie-Charlotte-Louise-Elizabeth HÉBERT DE *LA MAILLARDIÈRE, comtesse de Sébeville, martyre de la Révolution, le dernier de ses petit-fils.*

Alfred CHAUMEIL.

AVANT PROPOS

J'étais encore tout enfant, il y a de cela longtemps déjà, mon père, fils d'émigré, nous lisait dans les longues soirées d'hiver, les *Souvenirs de la Terreur* de Georges Duval, parus depuis peu ; mon père lisait bien, et j'appris aussi à connaître ces héros de la « Grande Révolution », Danton *le fougueux*, *l'ignoble* Marat et Couthon le *cul-de-jatte « à la figure d'Ange au cœur de Démon »* et les autres jusqu'à « *l'incorruptible* Robespierre ».

Mais il en était deux qui, je ne sais trop pourquoi, étaient mes « *bêtes noires* », Camille Desmoulins, et ce vampire qui avait nom Fouquier Tinville !

Certes, puisque la charité chrétienne nous fait un devoir de ne pas désirer la damnation de ces gredins-là, il nous est permis de penser qu'ils auront dû subir une rude pénitence si nous les rencontrons au Paradis.

J'entendais, quelquefois, ma mère raconter ce qu'elle

Note I. — Placée à la Table de ce Livre.

savait touchant sa mère à peine entrevue, puisqu'elle avait dix-sept mois quand notre aïeule fut incarcérée à Coutances.

De ces lectures et de ces récits il me resta un souvenir bien confus du martyre de notre grand'mère ; et dans mon imagination, je me figurais cette sainte femme ressemblant à ma mère, mais avec des cheveux presque blancs et un port plus majestueux.

Je n'avais pas d'autres notions de sa terrible agonie quand je trouvai, en 1882 à Coutances, le livre de M. Sarot : « *Les habitants de la Manche devant le Tribunal* « *Révolutionnaire de Paris.* » Cet œuvre d'un esprit libéral favorable aux idées révolutionnaires, mais qui me parut consciencieux et appuyé sur des documents authentiques, me donna l'idée de la relation que j'entreprends ; et je me mis à la recherche de tout ce qui me permet de l'établir aussi véridique que possible.

Décembre 1886.

Une Victime de la Révolution

Marie, Charlotte, Louise, Elizabeth HÉBERT DE LA MAILLARDIÈRE, naquit le 1er Juillet 1756 au château de Savigny et fut baptisée le même jour à l'église de cette paroisse par Dom Jacques, Alexandre du Bourg, Prieur-Curé de Savigny. Elle fut tenue sur les fonts baptismaux par Dame Elizabeth Van Everbrook et Messire Louis Yon, Chevalier Seigneur de Dangy, qui représentaient Marie Charlotte de Clermont, épouse de Louis de Caillebot, Marquis de La Salle, et son fils Louis de Caillebot.

Son père, Jean-Baptiste Hébert de la Maillardière, Lieutenant du Grand Maître de l'Artillerie pour la Province de Normandie, s'était, comme son père « *le Balafré* » (2) illustré par ses services ; il était chevalier de St-Louis et l'un des cents officiers privilégiés de l'arme de l'Artillerie.

Note II.

Elle le perdit de bonne heure, car nous lisons dans son « *Résumé de Vie* » qu'elle avait alors : « deux ans, neuf mois et treize jours. »

Il mourut à Caen le 13 Avril 1759.

Sa mère était Demoiselle Marie, Hélène, Eléonore Le Normand de Villers, fille elle-même d'un soldat, Charles François Le Normand de Villers, chevalier de St-Louis, capitaine de Dragons au Régiment de Vitry, et de Catherine de Bois David.

Après avoir passé leur première année de deuil à Coutances, partie au couvent, partie chez une amie, Mme de La Maillardière et Elizabeth revinrent à Savigny jusqu'en 1762. Elles en partirent au mois de Janvier pour Paris, où des affaires appelaient Mme de La Maillardière ; et ce ne fut qu'environ sept ans après qu'Elizabeth revit son pays natal où elle ne devait revenir définitivement qu'en 1773.

Sa santé délicate et l'affection, peut-être un peu trop inquiète de sa mère, qui n'avait qu'elle au monde, firent que son instruction fut un peu négligée ; on la voit changer plusieurs fois de couvent, et passer de Montfort l'Amaury où deux sœurs de sa mère étaient religieuses chez les Bénédictines de « *la Ville l'Evêque* » à Paris ; elle paraît avoir quitté celles-ci sans regrets pour entrer peu de temps après chez les Ursulines de la rue St-Jacques, où elle devait faire sa première communion. Mais une maladie qui la surprit pendant un congé qu'elle passait à la campagne chez la Ctesse de Bretel, amie de sa mère, l'en empêcha. Le besoin de la faire changer d'air nécessita sa rentrée à Montfort, où confiée aux soins de ses tantes, elle reçut, pour la première fois, le 8 Septembre 1769, ce Dieu qui devait, plus tard, lui être d'un si grand secours et lui donner le courage des martyrs chrétiens. Elle avait alors treize ans accomplis.

Peu après ce grand acte de sa vie, en novembre 1769 Elisabeth revint passer quelque temps à ce cher Savigny ; mais, ainsi qu'elle le dit : « *Il est temps où jamais d'acquérir quelques talents* » et Mme de La Maillardière songea à la mettre à Caen, dans une maison où elle put recevoir des leçons de bons maîtres ; cependant, ne trouvant pas là ce qui lui convenait, elle se résigna à la remettre à Paris, entre les mains des Ursulines où elle s'était trouvée fort bien. Elle y rentra le 27 Juin 1770 et put y prendre des leçons de dessin, de musique et de harpe ; mais le Maître à danser était si mauvais, dit-elle, qu'elle ne put suivre ses leçons.

A Noël, elle fut forcée de fuir le couvent ou sévissait la petite vérole et partit pour la campagne chez Mme de Bouville ; elle y demeura plus d'une année car ce ne fut que le 3 février 1772 qu'elle réintégra son couvent et, pour six mois seulement. Sa mère, qui l'avait rejointe pendant les vacances, retourna avec elle et Mme de Bouville à Paris ; elle put y prendre de nouveau quelques leçons de harpe et de danse ; mais, à la fin du Carême, elle fut atteinte d'une fluxion de poitrine qui mit sa vie en danger. Le 24 Avril 1773 Elizabeth et sa mère quittèrent Paris et, après quelques jours de repos chez la Ctesse de Brétel, elles rentrèrent définitivement à Savigny le 12 Mai.

Là on menait la douce vie de famille, qui semblait à la jeune fille beaucoup plus agréable que la règle du couvent ; car on passait paisiblement le temps à la campagne, dans la société de quelques amis choisis, chez lesquels on allait ensuite faire de petits séjours.

Ainsi Elizabeth grandissait sous l'œil maternel ; et Mme de La Maillardière, dont la santé était chancelante depuis longtemps, songea, craignant de la laisser orpheline, à pourvoir sa fille d'un protecteur dont le nom et la famille fussent en rapport avec les siens.

Elizabeth avait 18 ans, elle était belle et riche et, il y a lieu de penser qu'elle le savait et que son cœur avait parlé, car elle nous laisse voir que son premier roman de jeune fille fut contrarié et qu'elle se rendit de bonne grâce aux justes observations de sa mère.

Cet incident ne fit qu'accroître le désir de Mme de La Maillardière de l'unir à un Gentilhomme présentant toutes les garanties désirables ; et, après de sérieuses informations, elle agréa la demande du Cte Guillaume-Rémi-Charles Kadot de Sébeville, capitaine de Dragons, gentilhomme de noble race, aussi distingué dans sa personne que par ses qualités morales, et présenté par sa cousine Mme la marquise de Longaunay.

Le mariage fut célébré le 21 Novembre 1775 en l'Eglise de Savigny par Charles-François Morain de La Haye, Docteur en Sorbonne, Official de Mgr l'Evêque de Chartres, en présence de Messire François Le Normand de Villers, oncle de la mariée, Prieur de Chocanin au diocèse de Meaux et de Dom René Sérault, Prieur-Curé de Savigny.

Elizabeth était dans sa vingtième année, tout semblait lui sourire et présager une longue suite de jours heureux.

Mais hélas, la Révolution opérait déjà son travail souterrain et, si son action ne se faisait pas encore sentir dans nos heureuses campagnes, elle ébranlait le trône du plus infortuné de nos rois !

Cependant le Cte et la Ctesse de Sébeville, tout à leur félicité, voyaient leur union bénie de Dieu qui leur accordait une lignée comme on n'en rencontre plus, que bien rarement de nos jours. (1)

Elles durent être bien douces ces seize années d'une union si féconde, mais aussi comme elles durent sembler un beau rêve lorsque le malheur frappa, de sa lourde main, à la porte du château de Savigny !

Car voici venus les jours de deuil ; nous sommes en 1791 ; Mme la marquise de Longaunay, marraine d'Artus, l'aîné des garçons, l'a emmené en Allemagne où elle lui servit de mère et où lui fut adressé le suprême et sublime adieu de la véritable mère.

Le Cte de Sébeville, fidèle au serment qu'il avait prêté à son Roi, ignorant des habiles transactions avec la conscience, et, trompé, comme tant d'autres, par une erreur généreuse, que beaucoup, sans doute durent plus tard regretter amèrement, résolut d'émigrer et d'aller porter aux frères du roi le secours d'une épée digne de brlller pour la bonne cause. La Ctesse de Sebeville, malgré l'amour qu'elle portait à son mari, malgré les larmes de ses enfants qui se pressaient autour d'elle, ne faillit point son devoir ; elle ne chercha point à retenir ce noble soldat, courtisan du malheur, espérant peut-être encore le revoir après l'orage qui s'était déchaîné. C'était là le prélude de son martyre. Hélas il devait revenir lui que la mort épargne sur les champs de bataille, mais pour trouver son foyer dévasté,

(1) Note III.

ses enfants dispersés et recueillis par des mains charitables et sa noble et sainte compagne perdue à jamais en ce monde !

Comme une immense tache d'huile le venin révolutionnaire s'était étendu de Paris à la Province, des villes jusque dans les campagnes ; et, comme toujours, en ces temps de calamités le vice relevait la tête et prétendait dominer là où il croupissait ; l'envieux jettait un regard sournois sur le bien de son bienfaiteur et pensait déjà à enchaîner la main toujours tendue au malheureux. La Ctesse de Sébeville n'avait plus d'autre appui que le souvenir de ses bienfaits ; les braves gens qui n'avaient pas perdu ce souvenir étaient trop craintifs pour la défendre et, peut-être, avaient-ils à se défendre eux-mêmes contre les délateurs ; ceux que ce souvenir gênait étaient prêts à l'accuser. Rien ne pouvait la sauver ; son titre de mère, sa bonté, sa douceur, sa générosité envers tous, le témoignage unanime des gens de sa paroisse, rien n'arrêta les délateurs ; le Comité Révolutionnaire veillait au salut de la République.

La persécution était commencée contre la châtelaine de Savigny ; je n'ai point cherché à découvrir les noms de ses persécuteurs ; paix à leurs cendres, je souhaite que leur sort soit aujourd'hui aussi enviable que celui de leur victime.

Le Conseil de la Commune, qui lui était favorable, prit une délibération et lui accorda un certificat de civisme ; sur sa demande même l'administration du Département lui envoya de Coutances un gendarme chargé d'empêcher qu'on ne la molestat ; mais il était trop tard, et sur le conseil de personnes bien intentionnées, sans doute, elle se résigna à quitter Savigny avec ses enfants pour venir à Coutances où elle pensait être plus oubliée et plus en sûreté. C'est dans les premiers jours de Juin 1793 qu'elle vint habiter une petite maison dépendant des bâtiments de l'ancien Collège et qui, si je ne me trompe, existe encore rue St-Nicolas.

Mais elle y arrivait bien recommandée au *Comité de Surveillance* de Coutances, par celui de Savigny ; et sa retraite ne pouvait être longtemps ignorée.

Cependant c'est à ce moment qu'éclatait le mouvement fédéraliste à la suite de la condamnation des *Girondins*, qui avait son centre à Caen ; et l'expulsion de Coutances des Représentants *Prieur* et *Lecointre* put faire espérer une heureuse réaction.

Hélas, ce ne fut qu'un faible répit car, dès le mois d'Août, les Jacobins et les sans-culotte avaient repris le pouvoir ; et la Convention envoyait en mission dans la Manche un Représentant qui y arrivait animé du plus pur patriotisme républicain, *Lecarpentier*.

C'est ici le moment de parler de cet homme qui, sorti comme tant d'autres d'une infime position, joua dans la Manche le rôle de Démon et qui se trouva assez intimement mêlé à l'incarcération et à la condamnation de notre grand' mère. Il me suffira, pour le dépeindre, de citer quelques extraits du livre de M. Sarot qui, dans sa bonté libérale, trouve des excuses à la férocité du *Proconsul*.

Lecarpentier était né à Helleville près Valognes, en 1760, et avait donc, à la Révolution, environ 33 ans ; il était clerc d'huissier et, grâce à son jacobinisme, devint capitaine de la Garde Nationale et ensuite député à la Convention.

« Là, dit M. Sarot, continuant les mêmes allures qui, » du reste, étaient chez lui le résultat d'une « *véritable*

» *conviction* » il avait, dès le début, voté sans hésiter la » mort de Louis XVI et même le rejet de l'appel au peuple. »

Je serais curieux de savoir sur quoi s'appuie M. Sarot pour connaître la « *véritable conviction* » de Lecarpentier ? Plus loin il ajoute : « Armé de pouvoirs illimités, son » premier soin en arrivant à Coutances, le 1er Septembre » 1793, fut de destituer tous les fonctionnaires convaincus, » à ses yeux, de fédéralisme et de les remplacer de son » estoc, par des sans-culottes de ses amis................ » En même temps, on incarcérait partout, tant les émigrés » rentrés que les prêtres réfractaires et les *suspects* d'in- » tentions contre révolutionnaires. De telle sorte qu'en peu » de temps la maison de Justice de Coutances aussi bien » que ses *Trois Maisons d'Arrêt*, regorgèrent de prison- » niers parmi lesquels il n'y eut plus qu'à jeter un coup de » filet pour en alimenter, selon le cas, tant le Tribunal » criminel de la Manche que surtout le *Tribunal Révolu-* » *tionnaire de Paris.* »

Voilà l'homme qui, pour l'honnête M. Sarot était *convaincu* et de *bonne foi ;* n'est-ce pas le cas de dire : où la bonne foi va-t-elle se nicher !

En ce qui concerne son intervention dans l'incarcération de la Ctesse de Sébeville il y a, dans notre famille une tradition que je me garderai bien de passer sous silence ; car, selon moi, loin de ternir en rien la mémoire de la victime, elle y ajoute un reflet de courageuse vertu.

On dit que malgré son âge, 37 ans, les fatigues d'une fréquente maternité et ses chagrins récents, notre aïeule était fort belle et que, sa vue fit sur Lecarpentier, qui était marié, une impression qu'un honnête homme eut promptement repoussée ; mais de la part d'un tel homme tout est possible ; et je crois facilement qu'il fit, sous main, conseiller à la prisonnière, *(en lui faisant espérer sa liberté)* de profiter du droit que la Loi du 20 Septembre 1792, conférait aux femmes d'émigrés, de se *divorcer* ; comptant bien lui faire racheter sa vie par le déshonneur. Nous verrons plus tard ce qu'il en advint.

Toujours est-il que le 4 Septembre 1793, *Le District* la faisait incarcérer comme *Suspecte* ; quel était le délateur, je l'ignore n'ayant pu rencontrer aux sources que l'administration actuelle n'est pas pressée de découvrir au public.

Le Comité de Surveillance lui reprochait d'avoir poussé son mari à émigrer ; la représentait comme l'ennemie jurée et même « *dangereuse* » de la Révolution à laquelle elle avait voué une haine implacable ; et « *comme ayant dans* « *le caractère quelque chose de hautain et d'impérieux* « *qui déplaisait aux patriotes égalitaires.* » Et M. Sarot ajoute : « *Il y avait sans doute du vrai là-dedans.* »

Sur quoi appuie-t-il son assertion ? Il se garde bien de le dire.

Pour moi, je suis bien convaincu qu'elle détestait cordialement la Révolution ; et quelle honnête personne alors ne l'eût pas détestée ? Il semble toujours, à en croire ces bons libéraux, que cette révolution violente et criminelle au-delà de toute expression, était indispensable pour le bien du genre humain, comme si déjà le Roi et ses ministres n'avaient pas opéré spontanément des réformes qu'on n'eût pas osé espérer dix ans plus tôt. Quant à être *dangereuse* pour la République, cela fait sourire de pitié ! Mais je donne un démenti formel à l'accusation d'être *hautaine et fière ;* car cet excellent M. Sarot dit lui même que : « .... elle

» obtenait du Conseil municipal de sa commune, où elle » était mieux connue que partout ailleurs, un certificat des » plus flatteurs, dans lequel, non seulement on la repré- » sentait comme une mère de famille dévouée, mais de » plus, on la qualifiait d'*excellente citoyenne*, toujours » soumise aux lois de la république ; et qui même avait » fait des dons pour les défenseurs de la patrie. »

J'ai cité textuellement afin de bien montrer qu'il y avait contradiction flagrante de la part M. Sarot et manque complet de bonne foi de la part de Lecarpentier et de ses acolytes.

En entrant en prison notre grand'mère laissait donc derrière elle neuf enfants (puisque Artus était en Allemagne) dont l'aîné, Félicité n'avait pas encore 17 ans, et la dernière Hélène, ma mère, n'avait pas 17 mois. Au sujet de ces deux enfants il est deux souvenirs que je n'oublierai pas de consigner ici afin que mes enfants les conservent pieusement. Félicité mourut à 25 ans et quelques mois, le 1er germinal an X (21 Mars 1802) peu de mois avant le retour de son père ; restée bien jeune encore à la tête d'une famille nombreuse, elle montra pendant l'incarcération de sa mère un courage au-dessus de son âge et de son sexe, ne craignant pas de s'exposer aux grossièretés et aux mauvais traitements des sans-culottes pour aller porter à sa mère les soins et les consolations que lui suggérait sa piété filliale, et il y a lieu de croire que les terribles épreuves par lesquelles elle passa, dans un âge si tendre, altérèrent sa santé et abrégèrent son existence.

Une pieuse tradition de famille rapporte que longtemps après sa mort, sa dépouille ayant été exhumée (je n'ai pu savoir pour quelle cause) on trouva les rubans de son bonnet dans un état de conservation et de fraîcheur qui fit considérer, dans le pays, ce fait comme miraculeux.

Pour ce qui concerne ma mère, j'ai eu le bonheur comme plusieurs de mes frères et sœurs de connaître une vénérable dame de Coutances Mme Ebrémont, née Sophie-Charlotte-Michel de Vesly, morte dans un âge fort avancé. Cette excellente dame qui avait conservé toute sa lucidité d'esprit et même toute sa gaieté, me parla plusieurs fois de ma mère et me dit qu'elle l'avait elle-même recueillie chez elle lors de l'incarcération de notre aïeule.

Je regrette bien vivement aujourd'hui que le détail de ces conversations se soit effacé de ma mémoire pour les rapporter ici.

C'est ici que prend place un fait dont il a été question plus haut, le divorce du 5 ventose an II (26 février 1794). qui, aux yeux de plusieurs, peut-être, pourrait passer pour un acte de faiblesse ; mais qui soumis à une observation approfondie, apparaît sous son véritable jour, si l'on veut bien se mettre à la place de la prisonnière. Avec un peu de bonne foi, on se dit : « N'aurais-je pas fait de même ? Et moi je vais plus loin, et je dis qu'elle ne pouvait, vu les circonstances, agir autrement dans l'intérêt même de ses enfants. En effet qu'était-ce que cette loi du 20 Septembre 1792 ? Une loi n'ayant aucune sanction morale pour les honnêtes gens ; elle n'avait pu être créée qu'après celle qui prescrivait le mariage civil ; or quel est le catholique ou même l'homme de bonne foi qui considère le mariage civil autrement que comme un simple contrat ? Ce n'est pas parce que le Code parle de la « *Célébration du mariage* » qu'il prescrit certaines formalités dont l'utilité est contestable, telles que la formule prononcée par le Maire, ceint de son écharpe, que l'on est marié. Non on se sent si peu marié que de la Mairie à l'Eglise le fiancé ne donne même pas le bras à sa future. Pour les catholiques sincères, même les non pratiquants, le divorce ne saurait avoir d'action que sur l'acte de l'Etat civil et le sacrement ne peut être supprimé. Mais en 1793 bien peu de gens étaient mariés civilement ; on ne connaissait que le mariage à l'Eglise et c'était le cas de notre grand'mère. Elle savait donc fort bien que l'action d'aller se présenter devant un personnage plus ou moins solennel, et de lui dire qu'elle se *divorçait* n'avait aucun effet sur le sacrement qui lui avait été conféré 18 ans plus tôt et qu'elle était toujours bien l'épouse légitime du comte de Sébeville.

Il est bien certain qu'elle n'eût pas fait spontanément cette démarche « *qui dut singulièrement lui coûter* » dit M. Sarot, d'aller entre deux gendarmes, de Coutances à Savigny, si on ne lui eût fait espérer sa liberté ; et je crois, sans peine, que Lecarpentier, qui avait ses vues sur elle, y était bien pour quelque chose, croyant que, pour les autres, comme pour lui, la vertu n'était mot ; et que de guerre lasse, la victime consentirait à l'infamie pour sauver sa tête. Elle fut déçue dans son espoir de liberté, mais elle ne faillit point à ses devoirs et sa perte fut jurée.

Elle resta donc en prison encore six longs mois partagée entre l'espérance et la douleur et n'en sortit le 19 Messidor (4 Juillet 1794) que pour entrer, avec ses compagnons d'infortune, dans le chemin qui devait les conduire à l'échafaud.

Mais remontons au début de cette incarcération, c'est-à-dire en Octobre 1793. A cette date le Tribunal Révolutionnaire de Paris siégeait depuis 7 mois et, outre les grandes victimes de la famille Royale, il avait déjà jugé, ou pour mieux dire condamné, bon nombre de victimes innocentes.

Chaque jour, dans les prisons de province comme dans celles de Paris, les geôliers appelaient à haute voix un ou plusieurs noms, et ceux qui les portaient ne sortaient de là que pour le dernier voyage ; il n'est donc pas surprenant que ceux qui restaient s'attendissent, chaque jour, à l'appel de leur nom. Des prisons de Coutances, plusieurs déjà avaient été appelés pour ce voyage, et bien peu en étaient revenus ; Madame de Sébeville comprenant bien la gravité de sa situation, ne se faisait pas d'illusion sur le sort qui l'attendait ; et il est probable que le départ de quelques détenus et, peut-être aussi les bruits du dehors, lui firent croire que son tour était venu ; et c'est là, selon moi, le sujet de sa lettre à Mme de Longaunay, lettre que je transcris ici en respectant les termes et l'orthographe :

« *A Madame la marquise de Longaunay,*
» *aux Eaux de Bades-Baden, dans le Magraviat.*
» *à Bades-Baden.* »

« *Que ces derniers mots tracés de ma main vous* » *porte ma chère maman un dernier thémoignage de* » *tous les sentiments que mon cœur vous avouë je* » *termine ma vie en faisant mil vœux pour la votre* » *j'ose vous demander encore une nouvelle preuve de* » *votre amitier ma chere maman.*

» *Celle que vous avez toujours eüe pour mon cher* » *mary mes garant des soings que vous prenderez*

» *d'adoussir ces peines. Ayez pitier de tous mes*
» *malheureux enfants aidée leur père de vos conseils*
» *aidée lui à les aracher d'icy. J'emporte en mourant*
» *l'idée consollante que vous et lui allée faire l'impos-*
» *sible pour les mettre dans un lieu sûre et tranquil*
» *ou ils pourront puiser des pricipes dont le germe est*
» *dans leur cœur je n'en doute pas. Le mien emporte*
» *tous les sentiments dont il fut toujours pénétré pour*
» *vous, ma chère maman* »

» *Ce jeudy 11 Octobre à 4 heures du matin.* »

Cette lettre n'est pas signée et ne marque pas d'où elle est partie ; de plus les termes « *chère maman* » pourraient faire douter de son authenticité ; mais outre que j'ai ainsi que d'autres comparé l'écriture, l'orthographe et les termes avec le « Résumé de Vie » dont j'ai parlé, j'ai pensé que cette lettre sortit certainement en cachette de la prison de Coutances et que la plus vulgaire prudence commandait de ne pas la signer ; nous savons que la marquise de Longaunay n'était pas la mère de Madame de Sébeville, mais ce terme « *ma chère maman* » était un terme d'affection qu'elle donnait à celle qui avait servi de mère à son mari et qui le lui avait présenté en mariage ; sa propre mère étant morte, elle reportait sur Mme de Longaunay sa tendresse filliale. Ce qui, de plus, tend à prouver que cette lettre fut écrite dans la prison de Coutances, ce sont les termes même dans lesquels elle est conçue, ainsi elle dit : « *Ayez pitier de tous mes malheureux enfants aidée* » *leur père de vos conseils aidée lui à les aracher* » *d'icy......* » Cela prouve : 1° que Madame de Longaunay pouvait correspondre facilement avec le Cte de Sébeville, et en effet, l'armée de Condé ne devait pas être loin de Baden : 2° que la lettre part de Coutances puisqu'elle dit : « ..... *les » aracher d'icy* . »

Il y a dans la date de « Jeudy 11 Octobre » une erreur d'un jour, mais ce n'est selon moi, qu'une erreur insignifiante si on réfléchit que la lettre était écrite à 4 heures du matin, c'est-à-dire la nuit en Octobre ; que, bien souvent, sans être en prison on commet des erreurs de date d'un jour. Mais au contraire cette date du 11 Octobre fortifie ma conviction que la lettre fut écrite en 1793 et non la veille de la mort de la victime en 1794 ; en voici les raisons :

1° en Octobre 1793, en province on pouvait n'être pas encore bien habitué à se servir du calendrier républicain et avoir conservé l'usage du vieux style ; tandis que la lettre écrite de Mantes (que nous verrons plus loin) en 1794, six jours avant la mort, porte : « *28 Messidor* ».

2° La date du 11 Octobre ne se comprendrait pas si la lettre avait été écrite la veille ou le matin de l'exécution qui eut lieu le 3 Thermidor c'est-à-dire le 21 Juillet 1794. Je crois donc être dans le vrai en plaçant cette lettre dans les premiers temps de l'incarcération à Coutances.

— DÉPART POUR PARIS —

L'arrêté pris par Lecarpentier le 18 Messidor fut promptement mis à exécution ; et les membres du District s'empressèrent de requisitionner, pour le transport des « *Voyageurs* » deux charrettes chez Vimard, maître de l'hôtel d'Espagne (aujourd'hui le Lion Vert) à raison de 80 livres par tête et de faire commander deux gendarmes, qui furent les nommés Thézeloup et Bazire ; ceux-ci avaient le droit de requérir, le long de la route, d'étape en étape, un piquet de Gardes nationaux, pour les aider à garder le convoi. Mais la mission de diriger ce convoi avait été demandée comme une faveur par un membre de la « *Société populaire* » de Coutances, le citoyen *Thomas Guérin*, parfumeur. *Parfumeur?* Que pouvait bien faire à Coutances en l'an II de la République un parfumeur ? Et qui pourrait croire que l'odeur enivrante des parfums rendit un homme féroce ? Je suis porté à croire que, de même qu'aujourd'hui, les médecins sans malade, les avocats sans clients et les financiers en liquidation, briguent les fonctions électives pour arriver à la gloire et surtout à la fortune, de même le parfumeur de l'an II se lança dans la politique active pour arriver à la postérité ; et il y est arrivé quelque peu le misérable ! Peut-être aussi avait-il à venger quelque soufflet *moral* appliqué à sa vanité *d'artiste capillaire* par ses anciennes pratiques, ces « *infâmes aristocrates* » qui se faisaient coiffer par lui et qu'il avait tenus si souvent sous le tranchant de son rasoir ? Je n'ai pu éclaircir ce mystère. Toujours est-il qu'il obtint *l'honneur* qu'il réclamait et qu'il s'acquitta si bien de ses fonctions de « *pourvoyeur du bourreau* » qu'il se vit l'année suivante, lors de la réaction contre les Jacobins, rejeté de la Société populaire et désarmé par la Municipalité de Coutances, pour excès de zèle sans doute.

Tout fut bientôt prêt, dit M. Sarot, dont je suis forcé d'emprunter le récit, ne pouvant puiser comme il l'a fait en d'autres temps aux archives Municipales et Départementales.

Le lendemain matin, les deux charrettes et les gardes se rendirent à la porte de la Maison d'Arrêt d'où furent extraits les malheureux destinés d'avance à une mort que l'exemple de ce qui se passait chaque jour au Tribunal révolutionnaire rendait certaine. La foule assistait à ce spectacle, dit M. Sarot, et il ajoute : « seuls les patriotes les » plus avancés uniquement s'y trouvèrent et parmi eux, » un certain nombre de femmes que leur caractère excen- » trique et exalté avait signalées au public comme des » Montagnardes échevelées et bien plus radicales que les » hommes de même couleur politique. »

C'était là un sinistre entourage qui ne manque pas d'insulter les infortunés dont la douleur fut rendue plus amère. M. Delamare de Plémont, ancien officier, se vit refuser la dernière consolation d'embrasser sa femme qu'il ne devait plus revoir ; on voulait donner un matelas au vénérable chanoine de Cussy, que ses infirmités empêchaient de se soutenir, mais les harpies en question s'y opposèrent. On les entassa ainsi dix-neuf dans deux charrettes et en route leur nombre devait s'augmenter de quatre ; trois à Bayeux et un à Caen.

Le convoi prit ainsi la route de St-Lo et l'on peut se faire une idée de la poignante douleur que dut éprouver la Comtesse de Sébeville, lorsqu'à deux lieues de Coutances, elle put apercevoir au milieu des arbres, et dominant de riantes prairies, la demeure qui l'avait vue naître et où s'étaient écoulées, pour elle, de si douces années !

Les prisonniers couchèrent le soir à St-Lo ; le 20 à Bayeux où on leur adjoignit les deux frères Guichard et Jeanne de Bércauville femme du plus jeune. M. Delamare de Crux devait aussi y être arrêté ; mais ayant reçu avis du danger il avait eu le bonheur de se sauver la veille ; il mourut il y a quelques 40 ans, au château de Sully près Bayeux.

Le 21 le convoi s'arrêta à Caen et s'augmenta de M. Cotelle d'Outresoulles, ancien officier d'Artillerie démissionnaire, âgé de 32 ans.

Il fit ensuite étape le 22 à Corbon, le 23 à Lizieux, le 24 à Bernay, le 25 à Thibouville, le 26 à Evreux, le 27 à Bonnières. Le 28 on dîna à Mantes et c'est de là qu'est datée l'admirable lettre que l'on pourra lire plus loin ; on coucha le même jour à Meulan ; le 29 à Nanterre et on entra le 30 à Paris !

En tout Douze étapes et quelles étapes !

« Dès leur débarquement dans la Capitale, dit M. Sarot, » Fouquier leur donnant un *tour de faveur*, s'occupa » d'eux, croyant sans doute devoir cette condescendance » à son ami Lecarpentier. Cette triste préférence fut la » cause de leur perte. Car, s'ils avaient attendu leur tour » de rôle, alors que les prisons de Paris regorgeaient de » plus de huit mille accusés, ils étaient sauvés, grâce à » l'arrivée prochaine du 9 Thermidor.

» Deux jours après, leur acte d'accusation était dressé » ou plutôt bâclé par l'accusateur public lui-même, avec » les documents fort imparfaits qu'il avait entre les mains.. » .... Et comme ils devaient comparaître en même » temps que les Officiers municipaux de Pont-à-Mousson » qui étaient accusés de s'être opposés à l'approvisionnement de l'armée du Rhin, en conservant par devers eux, » pour en éclairer leur ville, de la graisse destinée à » l'armée...... il s'en suivit que ledit acte d'accusation

» dont le dispositif était collectif, présentait un Salmi-
» goudès étrange d'inculpations.......... »

Avant d'aller plus loin je dois transcrire ici la lettre dont j'ai parlé et qui fut écrite à Mantes pendant le repos du convoi ; je la transcris fidèlement avec ses incorrections car je crois qu'on ne saurait trop respecter ce sublime testament d'une mère qui sait fort bien qu'elle est perdue pour ses enfants en ce monde.

« *A la citoyenne Félicité Kadot, rue Nicolas,*
« *à Coutances* »

« *28 Messidor* »

» *Vous êtes dans l'inquiétude sur ma santé et sur*
» *mon voyage mes enfants, votre mère soutient la*
» *route on ne peut mieux, un peu de fatigue insépara-*
» *ble d'une route longue dans un tems chaut. Au reste*
» *point encore de migraine et toujours la même*
» *tranquilité d'âme que rien n'altérera ; la vertu guida*
» *toujours la conduite de votre mère, elle va lui servire*
» *d'égide ; elle vous sera rendue mes enfants soutenez*
» *votre courage par cet espoir bien fondé, votre mère*
» *sera jugée, elle sera à vous n'en doutés pas et quelque*
» *soit le sort qui l'attant soiez toujours ferme dans le*
» *malheur, recevez tout de l'être suprême sans jamais*
» *vous permettre le plus léger murmure, le ciel n'aban-*
» *donne jamais les âmes constament vertueuse, les*
» *votres le seront j'en suis sûre ; sy je vous suis enle-*
» *vée, c'est ma plus douce consolation après mon*
» *innocence ; que ceci soit la votre mes enfans sy ce*

» *que j'ene peut croire, votre mère ne vous était point*
» *rendue, elle terminera sa vie sans crainte comme*
» *sans reproche et jusqu'au terme elle sera tout à vous.*

» *Embrassés vous les uns les autres pour moi, je*
» *vous donnerez de mes nouvelles encore, nous le pou-*
» *vons en faisant voir nos lettres à notre garde compo-*
» *sée de neuf gens d'armes. Nous sommes en ce moment*
» *à Mante ou nous allons diné, nous coucheron à*
» *Meulan et demain à Nanterre. Nous avons été très*
» *bien couchez cette nuit à Bonière.*

» *Que tout ce qui vous entoure et surtout mes bons*
» *amis resoivent par vous de mes nouvelles et les assu-*
» *rences de ma sensible et reconnaissante amitié. A*
» *Emilie (N. IV) et aux siens surtout, j'esuis tout à*
» *eux, j'en suis bien occupée sans cesse, soiez le mes*
» *enfans de suivre les bons conseilles soyez ferme et*
» *soumis dans tous les tems que toutes les vertus vous*
» *serve de guide.* »

(*Sans signature*)

Je ne me permets pas de commentaires sur cette lettre, je craindrais d'en atténuer la beauté ; il suffit de penser qu'elle fut écrite à la hâte, sur le coin d'une table d'auberge, sous les yeux de gardiens animés, tout au moins, d'intentions peu bienveillantes, par une mère qui ne pouvait douter qu'elle allait mourir ; et, plus on la relira, plus on y rencontrera le courage calme et résigné de la chrétienne uni à la délicatesse des sentiments d'une tendre mère.

TRIBUNAL RÉVOLUTIONNAIRE

Robespierre avait inventé ce tribunal, qui fut créé par une loi du 10 Mars 1793, pour juger les « *Suspects* ». Les « Suspects » mot élastique qui permit à Robespierre de se défaire de ceux qui contrecarraient ses vues ambitieuses, et aux dénonciateurs de faire, moyennant un honnête salaire, acte de « *Civisme et de Patriotisme* » en livrant aux griffes de Fouquier-Tinville, non seulement les nobles et les prêtres, mais encore ceux contre lesquels ils pouvaient impunément exercer des vengeances particulières. Examinons, autant que possible, la physionomie de cette assemblée composée, en majeure partie de gens vendus à la « Montagne » et, presque toujours favorables aux réquisitoires du féroce Accusateur public.

Après la liste des membres qui composaient le Tribunal siégeant le 3 Thermidor, je donnerai quelques mentions sur les principaux et sur leur fin.

Président : Scellier.

Juges : Deliège. Maire.

Accusateur public : Liendon.

Jurés : Dix-Août. Pigeot. Laviron. Gravier. Topino Lebrun. Feneaux. Laurent. Butin. Gautier.

Scellier, de Compiègne, ancien juge.

Lorsqu'après le 22 Prairial, cinquante, soixante et même soixante-dix personnes vinrent s'asseoir ensemble sur le banc des accusés, les interrogatoires furent des plus succints ; et les réponses des accusés devaient se réduire aux mots « oui ou non » sans quoi, dès qu'ils voulaient se défendre, Scellier leur disait brutalement : « *Tu n'a pas la parole !* » et quand le dernier accusé avait répondu à la dernière question, le Président s'écriait : « *Cela suffit, les débats sont terminés.* » C'était un peu bref, mais ces bons juges ne pouvaient faire autrement car, entrant en séance à 10 heures ou 10 heures 1/2, ils n'auraient pas eu le temps de tout préparer pour le départ, à 4 heures précises, des voitures réquisitionnées dès la veille et qui, depuis 9 heures 1/2, attendaient leur « *charge* » dans la cour du Palais.

Dix mois plus tard, lorsque Sellier lui-même monta, avec ses complices, dans la charrette pour aller subir un châtiment trop mérité, en place de Grève, comme de vulgaire criminels, la populace le poursuivit, durant tout le trajet de ce cri : « *Tu n'as pas la parole !* » N'y a-t-il pas lieu de dire ici : « *Vox populi vox dei ?* »

Dix-Août. Celui-là était un ci-devant noble, *Leroy de Montflabert ;* sans doute un de ses déclassés dont il ne manque dans aucune des révolutions, au sein desquelles ils se trouvent jetés soit par le vice et la misère, soit par une ambition sans frein et des espérances déçues. Le type existe de notre temps et est bien représenté par le fameux Henri marquis de Rochefort Luçay, ce héros en chambre de la commune de 1871, revenu de Nouméa pour remercier les soldats qui ont eu le tort de ne pas le « *coller au mur*. »

Leroy de Montflabert avait à se faire pardonner un nom sentant trop fort le royalisme et la particule exécrée des vrais patriotes ; aussi ne trouva-t-il rien de mieux que de troquer un vieux nom, sans doute fort honoré jadis, contre la date d'une des « *immortelles* » journées de 1792.

Il ne le céda guère en férocité à ses collègues ; un jour qu'il s'était endormi durant toute la séance, il se réveilla tout à coup en sursaut vers la fin et s'écria en baillant : « *Ah* » *ça ! voyons, est-ce que ce n'est pas bientôt fini ?* » *voilà deux heures que notre conscience est éclairée.* » *Je demande que tu fasses taire tous ces bavards-là* » *et que tu les envoies à la guillotine comme des* » *endormeurs !* »

Mis en jugement le 29 Germinal an III (18 Avril 1795 v. style) avec Scellier, Fouquier-Tinville et les autres, lorsqu'après le prononcé du jugement, le président demanda aux accusés s'ils n'avaient pas d'observations à présenter, Montflabert répondit : « *Moi je n'ai aucun reproche à me* » *faire, j'ai toujours voté en mon âme et conscience !* » Quelle âme, quelle conscience !!

Topino-Lebrun. — « Peintre d'histoire, élève de » David, né à Marseille en 1769, Adopta avec chaleur les » idées républicaines : fut en 1793 juré au Tribunal Révo- » lutionnaire. Se signala d'abord par sa violence ; prit part » à la condamnation des Girondins, de Danton et de » Camille Desmoulins, mais finit par se montrer plus

» modéré ; déplut à Robespierre et fut incarcéré. Il ne fut » sauvé que par le 9 Thermidor. Accusé en 1800 d'avoir » pris part à la conspiration d'Arêna, contre le premier » Consul, il fut condamné à mort et exécuté. » (*Bouillet. Dictionnaire historique*).

Il était à bonne école pour la peinture comme pour les idées et il fut de bonne heure mûr pour juger ses concitoyens, car il n'était même pas majeur quand il débuta dans ses fonctions de juré.

Je veux bien croire à la modération dont ce bon M. Bouillet lui délivre un certificat ; mais s'il fut sauvé par le 9 Thermidor, ce ne fut que pour mieux sauter. Encore un qui ne mourut pas dans son lit.

Les autres ne paraissent guère avoir été que des compasses chargés de faire nombre et payés pour voter.

JUGEMENT DU 3 THERMIDOR

Tels étaient les hommes, dont l'ensemble représentait alors la plus haute personnification de la justice humaine, devant lesquels comparurent le 3 Thermidor an II (21 Juillet 1794) les 23 accusés de la « *Fournée de Coutances* » dont faisait partie notre pauvre grand'mère.

Je ferme les yeux et je cherche à pénétrer la nuit de cet horrible passé ; je vois la noble femme blanchie avant l'âge, accablée sous le poids des tortures morales et physiques qu'elle subissait depuis près d'une année d'incarcération et le long de ce « *Chemin de Croix* » de douze journées, parcouru dans une charrette où d'infortunés voyageurs sont entassés comme le bétail que l'on transporte.

Je la vois le cœur étreint d'une terrible angoisse à la pensée de ces pauvres enfants qu'elle laisse abandonnés à des mains étrangères ; je la vois traînée depuis quinze longs jours de prison en prison, insultée à chaque station par une populace sortie de la boue ; privée de tout ce que la délicatesse et la pudeur d'une femme bien élevée lui rend indispensable ; je la vois amaigrie par les fatigues et les privations, par les brutalités des geôliers ; torturée par les interrogatoirs et les grossièretés de l'ignoble Fouquier-Tinville !

Mais je la vois aussi telle que nous la montrent ces deux lettres qu'elle écrivit sans trembler à la veille de mourir, diamants sans prix, les seuls qu'elle put laisser à ses enfants ; je la vois se présentant la tête haute, le front calme, l'œil triste mais ferme et plein de mépris pour ces simulacres de Juges ; et ma piété filliale la compare à la Victime Royale devant le Tribunal révolutionnaire, telle que nous la représente un tableau célèbre. « *Elle avait* » *l'air fière* » disaient les « *patriotes* » de Savigny. Ah ! Citoyens, la mère de dix beaux enfants en avait bien le droit !

Voici donc la Ctesse de Sébeville devant ses « *Juges* » avec ses tristes compagons d'infortune ! Nous ne connaissons rien de ce semblant de jugement ; le compte-rendu en existe-t-il encore aux Archives Nationales, ainsi que celui de l'interrogatoire et du réquisitoire établi par Fouquier-Tinville lui-même, sur les données de son ami Lecarpentier ? C'est probable ; mais s'ils existent, outre que je n'ai ni la facilité ni les moyens de faire ces recherches, me serait-il permis en ce temps de liberté de la IIIe Republique, de consulter des documents que l'on ne doit pas tenir à mettre au jour ? J'en doute. Ces documents pourraient être fort intéressants, mais en est-il besoin pour se faire une idée assez exacte de ce que dut être cette séance. Il y avait là, d'un côté une douzaine d'individus dont le visage reflétait tous les vices, dans une tenue débraillée, dans des postures insultant à la plus vulgaire bienséance ; les uns, criant comme nous l'avons vu pour Scellier, les autres, comme « Dix Août » dormant alongés sur leurs sièges après une nuit d'orgie et se réveillant pour condamner sans savoir de quoi il s'agit ; d'autres causant entre eux ou insultant du regard et de la parole aux accusés.

De l'antre côté un groupe d'hommes et de femmes de tout âge et de toute condition : Prêtres, vieux officiers, hommes de loi, artisans, cultivateurs, etc. : portant tous sur leurs traits amaigris, l'empreinte de la désolation, les uns avec une noble résignation, les autres avec l'amertume des regrets et la terreur d'une mort ignominieuse autant qu'imméritée.

Dans cette séance du 3 Thermidor, il y avait deux femmes arrivées à peine à l'âge mûr, qui durent bien souffrir ; l'une était Jeanne de Béreauville, femme de M. Guichard, ancien gendarme de la Garde du Roi et capitaine de cavalerie ; l'autre Elizabeth de la Maillardière.

Avant de donner copie de la sentence de condamnation extraite du *Moniteur Universel*, quelques mots d'explication sont indispensables pour en faire comprendre la rédaction.

A la date du 3 Thermidor, le métier de bourreau n'était point une sinécure, car Sanson avait dû augmenter son personnel de valets, parmi lesquels figurait un ex-saltimbanque qui faisait par ses saillies le bonheur des « *harpies de la guillotine.* » Il avait dù même, depuis le 9 Messidor an II suspendre la rédaction du registre commencé le 26 brumaire. Il fallait donc pour fournir une telle besogne au « *Vengeur de la Loi* » que les juges supprimassent les complications et réunissent dans un même jugement le plus grand nombre possible d'accusés. C'est pourquoi, dans le jugement dont il s'agit, figurent les noms de plusieurs officiers municipaux de la ville de Schelestadt (et non de Pont à Mousson, comme le dit M. Sarot) à la suite des accusés de la fournée de Coutances ; et, pour le même motif ces derniers furent condamnés pour avoir, entr'autres griefs, dilapidé « *des fournitures de graisse destinée à l'armée du Rhin !* »

EXTRAIT de la *Gazette Nationale* ou le *Moniteur Universel* numéro 309. Nonidi 9 Thermidor l'an II de la République Française une et indivisible (27 Juillet 1794. V. style.)

(Voir note V pour la rectification des noms)

TRIBUNAL CRIMINEL RÉVOLUTIONNAIRE DU 3 THERMIDOR

A. J. N. DELAMARE, *dit Plémont*, âgé de 30 ans, ex-juge commissaire enquêteur au ci-devant baillage de Coutances :

P. F. C. SORIN, *dit Lepenne*, âgé de 45 ans, ex-noble, à Coutances :

C. LEFEAUDRY, âgé de 44 ans, né à Briqueville, accusateur public au Tribunal du distrit de Coutances ;

P. POTIGNY LAMAY, âgé de 34 ans, vivant de son bien, à Coutances :

J. J. G. GROUILLARD, âgé de 25 ans, né à Vers, domestique de Tanquerey, à Coutances ;

M. C. L. HÉBERT, âgée de 38 ans, née à Savigny, femme divorcée de Cadot, émigré et ex-capitaine de Dragons, à Coutances ;

L. L. CUFFY, âgé de 23 ans, ex-noble, à Coutances ;

A. TANQUEREY, âgé de 51 ans, ex-maire d'Hyenville, ex-capitaine de Dragons, ex-noble à Coutances :

H. LEFORESTIER, âgé de 50 ans, né à Mobick, ex-comte, ex-maire de Vers :

J. N. JUHEL, *dit Bonnfé*, âgé de 36 ans, né à Arteville, capitaine du ci-devant régiment, Dragons d'Artois :

J. B. N. F. COLLET D'AUTREFAOUL, âgé de 32 ans, né à Coutances, ex-officier au 7e régiment d'artillerie à Caen :

J. J. N. GUICHARD, âgé de 62 ans, né à Vers, ex-vicomte de Gavrey, à Bayeux :

P. MAUDUIT, âgé de 42 ans, né à Nogent-le-Rotrou, sous-chef de l'Administration de la marine, à Grandville :

F. L. DEMOTZ, âgé de 34 ans, né à Carentan, ex-chanoine de la ci-devant Cathédrale de Coutances :

M. L. L. CUFFY, âgé de 58 ans, né à Coutances, ex-noble, ex-archidiacre de Coutances :

F. GUICHARD-MAUDITRY, âgé de 54 ans, né à Vers, cultivateur à Bayeux :

J. C. BÉROUVILLE, âgée de 45 ans, né à St-André-de-Valdois, femme de Guichard-Maudry, ex-noble :

P. A. BOUDIER, âgé de 31 ans, né à Gavrey, marchand et procureur de cette commune :

F. R. LEPIGEON, âgé de 66 ans, né à Avranches, président-honoraire de l'ex-élection de Coutances ;

Convaincus de s'être rendus les ennemis du Peuple, en entravant les réquisitions faites pour l'armée du Rhin, en détournant et accaparant les fourrages, en commettant des concussions et exactions envers les citoyens, en dilapidant les propriété nationales, en entretenant des intelligences avec les ennemis de l'Etat, en attendant à l'unité et à l'indivisibilité de la République, en commettant des infidélités dans les fournitures pour les armées, en favorisant l'émigration, en répondant de fausses nouvelles, en abandonnant les drapeaux de la République, en s'apitoyant sur la mort du tyran, ont été condamnés à la peine de mort.

C. A. M. HUE-CALIGNY, âgé de 37 ans, né à Valognes, ex-chevalier de Malte :

J. F. GOBILLET, âgé de 64 ans, né à St-Martin-de-Salins, marchand et maire de Grandville :

J. F. KALOP, âgé de 40 ans, né à Gavrey, ex-greffier de cette commune.

T. H. PIENNES, âgé de 45 ans, né à Avranches, ex-noble à Meure-Draguillière :

F. X. LAMBLA, âgé de 23 ans, maire de Schelestadt :

D. MICHEL, âgé de 29 ans, aubergiste, officier-Municipal de Schelestadt :

J. J. GROS-JEAN, âgé de 47 ans, marchand de draps, Officier Municipal de Schelestad :

M. PROBST, âgé de 43 ans, né à Rouffac, ex-bénédictin, ex-officier municipal de Schelestadt ;

J. MOISETTE, âgé de 32 ans, né à Champcey, meunier au moulin de la Thuile, dist. de Pont-à-Mousson.

J. CHAPLEUR, âgé de 28 ans, né à Pont-à-Mousson, ex-garde magasin des subsistances militaires.

Co-accusés, ont été acquittés et mis en liberté excepté les quatre premiers qui seront aussi mis en liberté dans les vingt-quatre heures, s'ils ne sont détenus pour autre cause.

Y a-t-il dans l'exposé des motifs un seul qui soit sérieux : et ne serait-ce pas ridicule si ce n'était odieux !

• Nous voici arrivés au dernier acte du drame. Les condamnés sont montés dans la charrette qui doit les porter au supplice ; les gendarmes l'entourent sabre au poing, et la populace hurle sur son passage : la plupart des victimes sont résignées et se préparent à bien mourir ; et l'on éprouve un grand soulagement à la pensée qu'il y avait, au milieu d'elles, deux prêtres qui leur donnèrent une dernière absolution. Dans la charrette où se trouvait notre chère grand'mère, il y avait un jeune homme qui se lamentait : une tradition de famille nous rapporte que la généreuse femme, voulant relever son courage lui dit : « *Vous regrettez de mourir si jeune ; regardez* » *comment va à la mort la mère de onze enfants !* » (V. note VI).

Tout commentaire affaiblirait la grandeur de cette courageuse résignation.

Je citerai, en terminant, l'appréciation de M. Sarot sur ce crime.

« Sa mort si peu justifiée, et que rendait d'ailleurs si » poignante l'abandon de ses malheureux enfants, a natu- » rellement laissé dans la localité à laquelle elle appartenait, » comme à Coutances où elle avait été arrêtée et qui la vit » partir pour son dernier voyage, les souvenirs les plus » vifs et les plus douloureux. »

Exécutés le même jour (3 Thermidor) à la barrière de Vincennes, les dix-neuf condamnés furent inhumés dans le cimetière de Picpus, comme toutes les autres victimes de cette période du sanglant Tribunal.

Le Jeudi 2 Mars 1887, me trouvant à Paris, je m'acheminai vers la place de la Nation, où je passai, certainement à quelques pas seulement de l'endroit où furent immolées les dernières victimes ; et, continuant ma route par la rue de Picpus, j'allais frapper au numéro 35, Maison mère des Dames de l'Adoration perpétuelle. Au fond du jardin de la Communauté, à environ 500 mètres en ligne droite de la place de la Nation, j'entrai dans un petit cimetière divisé en deux parties.

La première dans laquelle on pénètre est occupée par environ 40 à 50 tombes où sont inhumées, depuis la Restauration, jusqu'à nos jours, des membres des familles des victimes. J'y ai lu, sur des monuments les noms des Montmorency, des La Rochefoucaud, des Montulembert, parmi un grand nombre de noms moins illustres et de simples noms roturiers. Cette partie est bien entretenue, mais on m'a dit que les autorités actuelles avaient interdit qu'on y fit de nouvelles inhumations, bien que ce soit la propriété des familles.

Au bout de l'allée qui sépare les deux rangs de tombeaux, une petite grille de fer permet d'apercevoir un enclos d'à-peuprès 1,000 mètres carrés, ombragé de quelques arbres verts ; c'est là que reposent, jusqu'au dernier jour, les cendres des victimes, dont notre grand-mère fut une des dernières.

Faisant face à la grille et, à environ 6 mètres, s'élève

un petit monument dont j'ai pris le croquis ci contre : on y lit sur une plaque de marbre blanc :

« Ici repose le corps de

« Ferdinand prince régnant de Salkirbourg,

« immolé sous le règne de la Terreur,

« LE 23 JUILLET 1794

« âgé de 49 ans. »

De chaque côté et un peu en arrière de celle-ci, s'élèvent deux pierres tombales dont je n'ai pu lire l'épitaphe ; il paraît que le terrain a été acheté, il y a longtemps, par la famille du prince.

La triste simplicité de ce champ de repos parle fortement à l'âme du visiteur réfléchi ; et surtout de celui qui sent couler dans ses veines une goutte de sang d'un martyr.

En sortant de là je me rendis à la Chapelle du Couvent où le fond de chacune des chapelles latérales est garni de grandes table de marbre blanc. En tête sont gravés ces mots :

« *Noms des 1,306 victimes immolées pendant la*

« *terreur du 22 Prairial au 9 Thermidor an II.* »

Les noms sont numérotés de dix en dix ; après avoir cherché quelques instants, je pus lire, dans la chapelle de droite au numéro **1013** :

M. E. L. C. Hébert, 38 ans, femme Cadot !

Je m'agenouillai et je priai, mais non pour la sainte

femme dont le nom était là, car je ne doutais pas que depuis longtemps, elle n'eut reçu la récompense de son martyre.

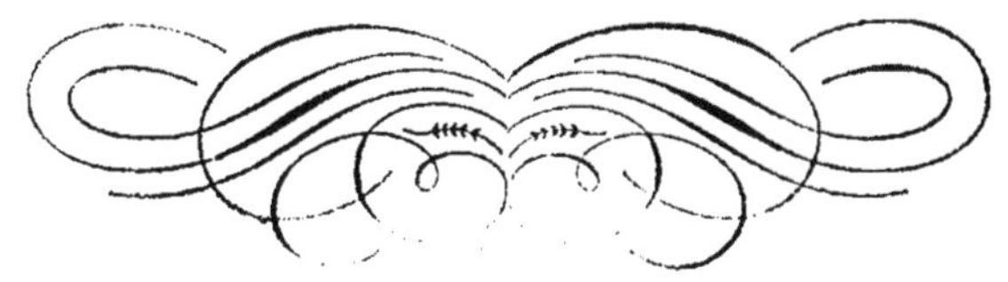

NOTES

I. — Jean-Baptiste CHAUMEIL, avocat au Parlement de Toulouse à 21 ans, émigrait en 1794 en Espagne ; entrait comme volontaire, dans la Légion des Pyrennées sous les ordres de M. le Comte de Pannetier et passait ensuite en qualité de Cadet dans le régiment de la Reine, sous les ordres de M. le Comte de Preissac jusqu'en 1803. Il ne put obtenir la Croix de St-Louis, qu'il avait désirée, mais le Roi Louis XVIII lui accorda une pension de 800 livres sur la liste civile.

II. — Jacques-Hébert de LA MAILLARDIÈRE « *Le Balafré* » Chevalier de l'ordre royal militaire de Saint-Louis, Lieutenant-général de l'artillerie de France, commandant en Basse Normandie Né en 1652, mort à Hauteville le 30 Septembre 1731, après avoir servi 66 ans, fait de nombreuses campagnes pendant lesquelles il assista à 54 sièges et 9 batailles.

III. — Liste des enfants de Sébeville prise aux archives de la Mairie de Savigny :

1. Marguerite-Félicite.	né le 6 Novembre	1776.
2. Artus-Bernardin-Charles	3 Mars	1778.
3. Elizabeth-Alexandrine	30 Décembre	1778.
4. Bernardin	22 Décembre	1780.
5. Charles	24 Octobre	1783.
6. Constance	29 Août	1784.

7. Edouard	8 Juillet	1786.
8. Hélène (morte la même année)	10 Mars	1788.
9. Denis Alphonse	7 Septembre	1789.
10. François	9 Novembre	1790.
11. Hélène	23 Avril	1792.

IV. — Je n'ai pu jusqu'ici découvrir quelle était cette Emilie.

V. — Il faut rectifier les noms comme ci-dessous :

2. Sorin dit Lepenne,	Lisez :	Sorin de l'Espaisse.
3. Lefeaudry,	—	Lescaudey.
5. Grouillard,	—	Couillard.
7. Cuffy,	—	de Cussy.
10. Juhel dit Bonufé,	—	de Boissusé
11. Collet d'Antrefaoul,	—	Cotelle d'Outresoulles.
14. Cuffy,	—	de Cussy.
15. Demotz,	—	de Montz (de Mons).
16. Mauditry,	—	Mauditrie.
17. Berouville,	—	de Bereauville.

VI. — Paroles extraites d'une lettre écrite à ce sujet en 1884 à l'un des petits enfants, par Madame de Moret, née de Folleville.

GRANVILLE. TYP. N BESNARD.

www.ingramcontent.com/pod-product-compliance
Ingram Content Group UK Ltd.
Pitfield, Milton Keynes, MK11 3LW, UK
UKHW021948260726
13994UKWH00004B/1601